BEI GRIN MACHT SICH IHR WISSEN BEZAHLT

Bibliografische Information der Deutschen Nationalbibliothek:

Die Deutsche Bibliothek verzeichnet diese Publikation in der Deutschen National-bibliografie; detaillierte bibliografische Daten sind im Internet über http://dnb.d-nb.de/ abrufbar.

Impressum:

Copyright © 2018 GRIN Verlag
Druck und Bindung: Books on Demand GmbH, Norderstedt Germany
ISBN: 9783346123114

Dieses Buch bei GRIN:

https://www.grin.com/document/516569

Anonym

Erstellung eines Strategieberichts anhand eines fiktiven Unternehmens der Gesundheitsbranche

GRIN Verlag

GRIN - Your knowledge has value

Der GRIN Verlag publiziert seit 1998 wissenschaftliche Arbeiten von Studenten, Hochschullehrern und anderen Akademikern als eBook und gedrucktes Buch. Die Verlagswebsite www.grin.com ist die ideale Plattform zur Veröffentlichung von Hausarbeiten, Abschlussarbeiten, wissenschaftlichen Aufsätzen, Dissertationen und Fachbüchern.

Besuchen Sie uns im Internet:

http://www.grin.com/

http://www.facebook.com/grincom

http://www.twitter.com/grin_com

Inhaltsverzeichnis

1 Darstellung der Ausgangssituation

1.1 Wahl des Standortes

Die Praxis für Ernährungsberatung „Adams Äpfel" zieht in eine gewerbliche Immobilie im Stadtbezirk Innenstadt-Ost in Dortmund.

[Die Abbildung musste aus urheberrechtlichen Gründen von der Redaktion entfernt werden]

1.2 Beschreibung des Unternehmenstyps

Ernährung war und ist für Menschen elementar wichtig (Pudel, 1991, S. 1). Einer neuen Studie des BMEL-Ernährungsreports 2017 zur Folge, sind 89 % der Befragten an gesunder Ernährung interessiert und erachten diese als wichtig. Die Komplexität von immer neuen Ernährungsangeboten und –formen (Flögel, 2011, S. 282) mit gleichzeitiger erhöhter Krankheitshäufigkeit von Zivilisationskrankheiten wie Diabetes mellitus und Herz-Kreislauferkrankungen (Wohlers & Hombrecher, 2017, S. 24 - 25) stellen die Bevölkerung jedoch vor immer neue Herausforderungen. Genau in diesem Bereich möchte die Praxis für Ernährungsberatung „Adams Äpfel" mit seinem interdisziplinären Team ansetzen, um primäre, sekundäre und tertiäre ernährungspräventive Beratungsdienstleistungen für Individuen anzubieten. Die allgemeine Ernährungsberatung zielt auf eine überwiegend gesunde Kundschaft ab, während bei der klassischen Ernährungstherapie und Diätberatung der kranke Mensch im Mittelpunkt der Beratung steht (Pudel, 1991, S. 9). Ein weiteres Geschäftsfeld ist die konzeptionelle Beratung der Verpflegungssituation von

Kindern und Jugendlichen. Laut der bundesweiten Studie „Verpflegung in Kindertageseinrichtungen 2016" von Tecklenburg und Arenz-Azevedo (2016, S. 7) besitzen nur rund 38 % der Kindertageseinrichtungen (KITAs) das nötige Fachpersonal zur Umsetzung eines gesunden Verpflegungskonzeptes. außerdem besaßen ca. 42 % der KITAs zum Zeitpunkt der Befragung noch kein Verpflegungskonzept. Das vierte Geschäftsfeld beschäftigt sich mit der betrieblichen Gesundheitsförderung in kleinen und mittleren Unternehmen. Laut der Personalwirtschaft-Studie „BGM im Mittelstand 2015" bietet jedes vierte gefragte mittelständische Unternehmen bereits Ernährungskurse an, Tendenz steigend.

Die strategischen Geschäftsfelder werden anhand der Differenzierungsmöglichkeit „Eigenschaften der Kunden" in Abbildung 2 noch einmal detailliert dargestellt:

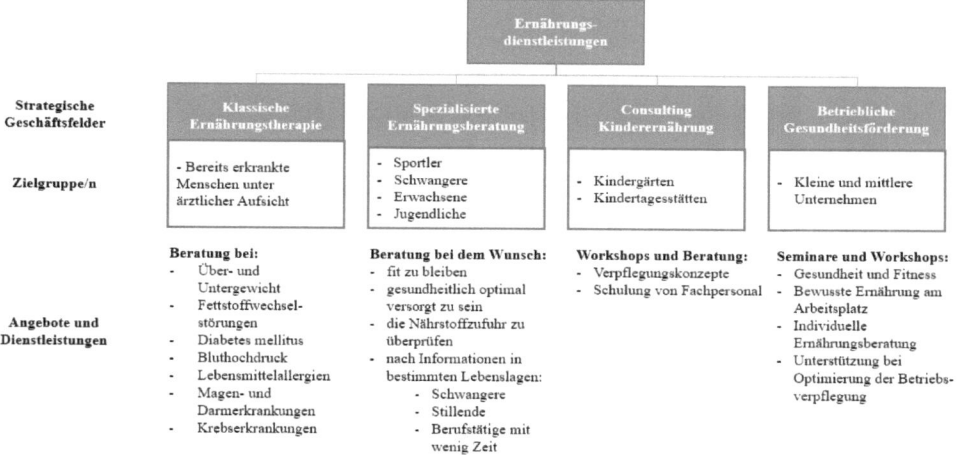

Abbildung 2: Darstellung der strategischen Geschäftsfelder und der damit verbundenen Angebote und Dienstleistungen (eigene Darstellung)

2 Phase der strategischen Zielplanung

2.1 Unternehmerische Vision / Mission / Grundwerte

Eine Unternehmensphilosophie besteht laut Brauweiler (2009, S. 91 – 92) aus einer Vision, einer Mission und Unternehmensgrundsätzen. Er erkennt den Zusammenhang zwischen den drei Eigenschaften der Unternehmensphilosophie, der als „eine Vorstellung („Vision") von einer Vollkommenheit von Problemlösungsfähigkeiten für die Potenziale von Märkten, die mit dem konkretem Auftrag („Mission") – oft schriftlich als Leitbild/Unternehmensgrundsätze verfasst – in der Welt als unternehmerische Erfahrung implementiert wird." (Brauweiler, 2008, S. 92). Die Vision wird hier als zukünftiger „vollkommener Zustand" gesehen. Gemäß Müller-Stewens und Lechner (2011, S. 225 – 227) besteht sie außerdem aus vier Eigenschaften: sie soll motivierend, sinnstiftend, handlungsleitend und integrierend sein, um das Mitarbeiterhandeln auf ein Ziel auszurichten. Blumenschein und Klein (2012, S. 2) bezeichnen den Markt der Ernährungsberatung als ein „großes Gebiet für Quereinsteiger", sodass für den Kunden nicht immer ersichtlich ist, wer eine fundierte Ausbildung besitzt. Kunden, die mit fachlicher Expertise beraten wurden sind für Adams Äpfel die beste Werbeplattform und sorgen zudem für eine stärkere Bindung und somit für eine langfristige Geschäftsbeziehung. Die Vision des Unternehmens Adams Äpfel ist daher eng mit den Bedürfnissen der Dortmunder Kunden nach qualitativer Beratung, angepasst an ihr jeweiliges Setting, verbunden:

„Qualitätsführerschaft in der Beratung von Individuen, Betreuungseinrichtungen und Unternehmen im Themenfeld der Ernährung und systematischen Verpflegung"

Der „konkrete Auftrag" (Brauweiler, 2008, S. 92), die Mission eines Unternehmens, lässt erkennen welchen Nutzen die verschiedenen Anspruchsgruppen durch das unternehmerische Handeln erfahren sollen. (Müller-Stewens & Lechner, 2011, S. 227 – 233). Weiterhin sagen die Autoren, dass die Werte eines Unternehmens in den Grundsätzen verankert sind und die Handlungsbasis für die Mission darstellen. Adams Äpfel entwickelt Konzepte die zu einer Verbesserung der Lebensqualität, des Wohlbefindens und der Leistungs- und Motivationsfähigkeit der Kunden, welche aus unterschiedlichen Settings stammen, führen. Dementsprechend ist die Unternehmensmission definiert:

„Wir entwickeln gemeinsam Ernährungskonzepte für alle Menschen zur Steigerung ihrer Gesundheit, ihres Wohlbefindens und ihrer Leistungsfähigkeit"

Zur Erfüllung der Kernmission und zur Umsetzung der Vision ergeben sich für Adams Äpfel folgende fünf Unternehmensgrundsätze:

Tabelle 1: die fünf Unternehmensgrundsätze von Adams Äpfel

Höchste Beratungsqualität	Wir fördern motivierte und kompetente Mitarbeiter und sorgen für ganzheitliche und stetige Weiterbildung um unsere Kunden mit der höchsten Qualität zu beraten
Beste Kundenzufriedenheit	Unsere Mitarbeiter erarbeiten mit unseren vielfältigen Kunden individuelle und passgenaue Konzepte für deren Bedürfnisse

Respektvolle Zusammenarbeit	Wir arbeiten als Team und gehen respektvoll, fair und freundlich miteinan-der um. So fördern wir den Austausch untereinander und können somit kundenorientierter, innovativer und flexibler am Markt agieren
Offene Unternehmenskultur	Informationsaustausch ist der Schlüssel für Erfahrungszuwachs und Ent-wicklung. Wir profitieren von den Erfahrungen durch Kundenprojekte und lernen mit jedem Projekt auch etwas von unseren Kunden dazu
Langfristiger Erfolg	Durch eine klare, langfristige Strategie und entsprechender Zielsetzung schaffen wir ein Umfeld, in dem unsere Mitarbeiter sich und das Unter-nehmen auf Dauer entwickeln können.

2.2 Strategische Zielplanung

Sternad (2015, S. 31) setzt die strategische Zielsetzung mit der unternehmerischen Mis-sion und Vision in Verbindung, indem er aussagt, dass die strategischen Ziele dazu dienen „[...] die Mission des Unternehmens zu erfüllen und der Vision einen wesentlichen Schritt näher zu kommen [...].". Ziele sollen außerdem nachvollziehbar und messbar sein. Um das zu erreichen, müssen sie so präzise wie möglich konkretisiert werden und auf die Vision und Mission des Unternehmens zugeschnitten werden. Daraus abgeleitet ergeben sich folgende vier strategische Ziele:

Tabelle 2: Strategische Ziele Adams Äpfel

Aktive Mitgliedschaft in drei regiona-len Gesundheitsnetzwerken im ersten Jahr	Um die Qualitätsführerschaft in der Beratung zu erreichen, müssen zuerst Kundenkontakte geknüpft und Erfahrungen und Vergleiche mit anderen regionalen Ernährungsdienstleistern gezogen werden. Dies geschieht ge-rade in Bezug auf die Zielgruppe der Betreuungseinrichtungen und KMUs aufgrund ihrer Größe oft in regionalen Netzwerken, da diese auf externe Beratung und Zusammenarbeit angewiesen sind.
Erfolgreiche Auszeichnung als „zerti-fizierte Ernährungsberatung der Deut-schen Gesellschaft für Ernährung e.V. (DGE) erhalten im ersten Jahr	Im Bereich der Ernährungsberatung ist es wichtig sich von Quereinstei-gern, abzugrenzen (Blumenschein & Klein, 2011, S. 2). Eine Zertifizierung durch die anerkannte DGE, die als Grundlage eine abgeschlossene fach-spezifische Ausbildung, kann dies gewährleisten.
Aufbau von Kooperationen und min-destens einem gemeinsamen Projekt mit jeweils vier Gesundheitspartnern in den ersten zwei Jahren	Durch Kooperationen mit branchenfremden Dienstleistern wie Fitnessstu-dios, Entspannungstrainern oder auch Ärzten können die Mitarbeiter von Adams Äpfel weitere Informationen und Wissen ansammeln um dadurch die Konzepte noch ganzheitlicher gestalten. Außerdem ergibt sich durch die Kooperation mit etablierten Dienstleistern die Möglichkeit in bereits be-treuten Unternehmen und Betreuungseinrichtungen Fuß zu fassen.
Aufbau einer Multiplikatoren Schu-lung für Betriebe und KITAs in drei Jahren	Durch die Schulung interner Multiplikatoren, z.B. Ernährungslotsen oder Hauswirtschaftlerinnen, kann eine dauerhafte Geschäftsbeziehung mit den Zielkundengruppen geschaffen werden. Dies kann zum Beispiel durch Sicherung der Weiterbildung der Multiplikatoren geschehen. Außer-dem ist es möglich durch Feedbacks aus den Multiplikatoren Schulungen wertvolle innerbetriebliche Informationen zu erhalten die zur weiteren Ver-besserung der Angebotsqualität beitragen können.

2.3 Branchenvergleich

Kleinere Wettbewerber im Umkreis von sechs Kilometern haben meist keine strategischen Unternehmensinstrumente auf Ihrer Website dargestellt, wie in Tab. 1 beschrieben:

Tabelle 3: Online Recherche nach vorhandenen strategischen Instrumenten von Wettbewerbern im Umkreis (Quelle: eigene Darstellung)

Bezeichnung	Adresse	Strategische Instrumente auf Website		
Wettbewerber	**Homepage**	**Vision**	**Mission**	**Grundwerte**
Ess: Ernährungsberatung und –therapie Stephanie Siegert	www.ess-do.de	X	√	X
Ernährungsberatung Sabine Rostek	www.ernaehrung-rostek.de	X	X	X
Ernährungstherapie & Ernährungsberatung Dortmund – Praxis Kanders	www.nahrung-kanders.de	X	X	X
Dr. Ambrosius – Studio für Ernährungs-beratung	www.ernaehrungsberatung-dortmund.de	X	X	X
Easylife	www.easylife.de	X	X	X
Mirza Ernährungsberatung	www.mirza.de	X	X	X
Visible Nutrition	www.visible-nutrition.de	X	X	X

Das Fehlen einer Vision führt laut Hecker (2012, S.46-47) dazu, dass Mitarbeiterpotenziale wie Motivation und Engagement ungenutzt bleiben. In dieser Hinsicht ergibt sich für Adams Äpfel ein wesentlicher Wettbewerbsvorteil.

Einzig allein die „ess-therapie Stephanie Siegert" spricht in Ihrer Beschreibung über sich selbst von Ihrer Maxime als Ernährungsberaterin. Im Vordergrund steht die Unterstützung zur Steigerung der Lebensqualität mit gleichzeitigem Versprechen, dass das Vergnügen nicht zu kurz kommt (Siegert, 2018). Während die ess-Ernährungsberatung und -therapie die Lebensqualität in den Vordergrund stellt, ist die Mission von Adams Äpfel differenzierter und greift auch explizit die Verbesserung der psychischen und beruflichen Situation (Wohlbefinden und Leistungsfähigkeit) auf. Die Mission von Adams Äpfel gibt somit den Mitarbeitern den Leitgedanken mit, dass die Qualität Ihrer Arbeit davon abhängt verschiedene Lebensbereiche der Kunden zu beleuchten. Gewerbliche Kunden wie Betriebe fühlen sich durch eine Mission, die gerade den Erhalt bzw. die Steigerung von Leistungsfähigkeit anspricht, verstärkt angesprochen.

Die strategische Ausrichtung der zwei Weight Watchers Niederlassungen in Dortmund und Unna wird hingegen von einem dahinterstehenden Großunternehmen mit eigener strategischer Ausrichtung unterstützt. Die Strategie von Weight Watchers ist es „den Beitrag und den Erfolg jedes einzelnen Mitarbeiters mit dem Erfolg des Unternehmens und damit mit dem Erfolg unserer Teilnehmer zu verbinden." (Weight Watchers, 2018). Diese

Strategie stellt im Gegensatz zur Vision und Mission von Adams Äpfel das individuelle Mitarbeiterengagement stärker in den Fokus und verbindet dieses mit den Unternehmens- und Kundenerfolgen. Die strategische Ausrichtung von Adams Äpfeln hingehen gibt den Mitarbeitern konkrete Leistungs- und Qualitätsfelder auf und regt das Teamergebnis mit dem Wort „gemeinsam" in den Fokus des Handelns. Sowohl bei Weight Watchers als auch bei Adams Äpfel sind die Kundenzufriedenheit und der Mitarbeiterzusammenhalt ein gemeinsamer unterstützter Unternehmenswert. Bei Weight Watchers liegt ein Schwerpunkt allerdings auf der stetigen Entwicklung neuer Ideen, um mögliche Neukunden zu gewinnen. Adams Äpfel setzt hingegen verstärkt auf langfristige Erfolge und die Erarbeitung von qualitativ hochwertigen, passgenauen Konzepten.

3 Phase der strategischen Analyse und Prognose

3.1 Branchenstrukturanalyse

Das Five Forces Modell nach Porter analysiert laut Schawel und Billing (2012, S. 108) die „Attraktivität eines Marktes". Dies geschieht laut Schawel und Billing, indem die fünf Elemente (Lieferanten, Kunden, Ersatzprodukte, neue Konkurrenten, Wettbewerb in der Branche) anhand ihres aktuelles Entwicklungsstandes und ihrer zukünftigen Entwicklung bewertet werden. Die Kraft „Verhandlungsstärke der Lieferanten" wird im folgenden Beispiel ausgeklammert, da die Bedeutung für Adams Äpfel als marginal eingestuft wird

1. Potenzielle neue Konkurrenten

Durch die in Deutschland ungeschützte Bezeichnung „Ernährungsberater" ist es für den Kunden nicht einfach „[…] qualifizierte und Produkt-unabhängige Experten zu finden." (Bundeszentrum für Ernährung, o.J.). Laut Blumenschein und Klein (2012, S. 2) reicht die Vielfalt von potenziellen Konkurrenten „von A(pothekern) über F(itnesstrainer), H(auswirtschaftlerinnen), K(öchen), und W(ellnessberatern) bis Z(ahnärzten).". Durch den geringen Kapitalbedarf und die, in Relation zu einem Studium kostengünstigen Lehrgänge an privaten Studieninstituten, sind die Eintrittsbarrieren für Wettbewerber niedrig.

2. Ersatzprodukte

Substitutionsprodukte im Bereich Ernährungsberatung lassen sich vor allem auf digitalen Plattformen finden. Die Techniker Krankenkasse bspw. betreibt einen Online Ernährungscoach zu den Themen „Gewicht reduzieren" und „Ernährung verbessern", der Kerngebiete der persönlichen Ernährungsberatung auffasst wie z.b. die Möglichkeit seine Ernährungsweisen zu protokollieren und diese zu analysieren (Techniker Krankenkasse, 2017). Es ist davon auszugehend, dass manche Kunden diese Dienstleistung aufgrund des kostenlosen, digitalen Angebotes und der institutionellen Bedeutung von Krankenkassen bevorzugen könnten. Fraglich ist hierbei der zu erwartende Effekt bzw. die Nachhaltigkeit aus Kundensicht. Digitale, kostenpflichtige Anbieter von Ernährungsberatungen wie eat4fun oder die Online-Variante von Weight Watchers, bedienen im Gegensatz zu einer persönlichen Beratung das Kundenbedürfnis der ständigen Erreichbarkeit von Informationen, Erinnerungs- und Motivationshilfen. Allerdings sehen Möschl, Purtscher und Perktold (2016, S. 32) Apps und digitale Angebote vorerst nur als Ergänzung zu fachlicher, persönlicher Beratung als sinnvoll an.

3. Rivalität mit bestehenden Konkurrenten

Eigene Recherchen über die Präventionsdatenbank der Krankenkassen ergaben im Umkreis von 15 Kilometern sieben Wettbewerber mit Krankenkassenzulassung, außerdem gibt es weitere Anbieter von ähnlichen Produkten im Umkreis von sechs Kilometern (vgl. Kap. 2.3). Durch das breit aufgestellte Dienstleistungsportfolio von Adams Äpfeln konkurriert das Unternehmen mit vielen Wettbewerbern mit unterschiedlichem Background, wie z.B. Ärzten, Fitnessstudios oder selbstständigen Ernährungsberatern. Das Branchenwachstum der Betrieblichen Gesundheitsförderung (BGF) und der Prävention deutet allerdings Spielraum für weitere qualifizierte Dienstleister am Markt an. Laut dem Medizinischen Dienst des Spitzenverbandes Bund der Krankenkassen (2017) haben die gesetzlichen Krankenkassen (GKV) 2016 fast eine halbe Milliarde Euro für BGF und individuelle Präventionskurse ausgegeben. Das ist das stärkste Wachstum seit 16 Jahren.

4. Verhandlungsstärke der Kunden

Eine hohe Verhandlungsstärke der Kunden ist vorhanden, wenn sich Produkte des Unternehmens von den Produkten anderer Kunden nicht sonderlich unterscheiden. Dies führt dazu, dass Kunden eher die Beratung wechseln bzw. niedrige Preise verhandeln können. Durch das bereits erwähnte Spektrum von verschiedenen Dienstleistern und die Anzahl der Wettbewerber wäre davon auszugehen, dass die Kunden eine hohe Verhandlungsstärke besitzen. Differenziert man allerding die Produktpalette und die damit zusammenhängenden Zielgruppen, ergibt sich ein anderes Bild. Nur sieben der insgesamt mind. 17

Wettbewerber besitzen eine entsprechende Qualifizierung für die Krankenkassenkooperationen (Techniker Krankenkasse Gesundheitskurssuche, 2017). Ebenso weisen manche Mitbewerber keine DGE-Zertifizierung auf. Sie bieten z.B. Nischenprodukte wie z.B. ayurvedischen Medizin an. Insgesamt kann man sagen, dass eine Austauschbarkeit von Dienstleistungen vorhanden ist. Beschränkt wird der Wettbewerb allerdings durch die unterschiedlichen Ausrichtungen und Qualitäten der Anbieter.

Unter Berücksichtigung der obigen Faktoren, sind die Aussichten auf dem Markt für Adams Äpfel gut. Das Investitionswachstum im Bereich BGF und Prävention sind ein starker Motor für die Kundenzielgruppe im Bereich der KITAs und der Betriebe. Die Konkurrenz auf dem Markt ist zwar groß, allerdings differenziert sich die Rivalität durch die unterschiedlichen Qualifikationen. Auch digitale Produkte sind vielfach vorhanden, sind aber nur ergänzend zu einer persönlichen Beratung nützlich.

3.2 SWOT-Analyse

Schawel und Billing (2011, S. 182) beschreiben die SWOT-Analyse als eine Möglichkeit einen Überblick über das Unternehmen im Markt durch „[...] eine interne Analyse der Stärken (Strengths) und Schwächen (Weaknesses) sowie über eine externe Analyse der Möglichkeiten (Opportunities) und Risiken (Threats) [...]" zu erhalten. Im Folgenden analysiert das Unternehmen Adams Äpfel anhand der SWOT-Analyse seine Strategie:

1. Stärken

Die Stärken des Unternehmens Adams Äpfel bestehen darin, dass eine breite Dienstleistungspalette viele verschiedene Kundenarten anspricht und so Wachstumspotenziale in verschiedenen Bereichen ermöglicht. Zusätzliche interdisziplinäre Kooperationen ermöglichen ganzheitlichere Angebote und somit eine Steigerung der Qualität. Eine breite Aufstellung senkt darüber hinaus die Abhängigkeit von einer Zielgruppe. Die im Gegensatz zu anderen Wettbewerbern vorhandene klare Strategie der Qualitätsführerschaft ist sowohl förderlich für die Mitarbeitermotivation als auch für die Qualität der Angebote.

2. Schwächen

Das Unternehmen Adams Äpfeln ist auf dem Dortmunder Markt bisher unbekannt, sodass viele potenzielle Kunden erst angeworben werden müssen. Darüber hinaus verfügt das Unternehmen über keine großen Finanzrücklagen, was nötige Investitionen gerade am

Anfang erschweren könnte. Gerade in Bezug auf das strategische Ziel der Qualitätsführerschaft sind Investitionen in Mitarbeiterweiterbildung und Zertifizierungen unabdingbar, dadurch verteuert sich zu Anfang auch der Preis der Dienstleistungen im Vergleich zu anderen Dienstleistern. Breite Dienstleistungspalette könnten unter Umständen auch eine Schwäche sein, wenn Kunden keine klare Abgrenzung der Geschäftsfelder erleben.

3. Chancen

Die wachsenden Investitionen der GKV im Bereich der BGF und der Prävention (Medizinischer Dienst des Spitzenverbandes Bund der Krankenkassen, 2017) fördern das Branchenwachstum und ermöglichen schnelles Wachstum in verschiedenen Lebenswelten. Der Bedarf an Ernährungsdienstleistungen ist insbesondere in Betreuungseinrichtungen und Betrieben vorhanden und seit Jahren gestiegen (siehe Kap. 1.2).

4. Risiken

Da die Markteintrittsschwelle für neue Bewerber gering ist und eine starke Konkurrenz in Dortmund besteht (vgl. Kap. 3.1) besteht das Risiko, dass das Unternehmen sich nicht schnell genug durchsetzen kann und unbekannt bleibt. Eine politische Veränderung, z.B. durch eine neue Bundesregierung oder durch eine verschlechterte wirtschaftliche Konjunktur, könnte rückläufige Ausgaben in der Gesundheitsvorsorge zur Folge haben.

SWOT-Analyse Adams Äpfel		Makro- und Branchenumwelt	
		Chancen („Opportunities") *O1: verstärkte Investitionen der GKV* *O2: steigender Bedarf in Betrieben und Betreuungseinrichtungen*	**Risiken („Threats")** *T1: starker Wettbewerb* *T2: starke Abhängigkeit von Politik und Konjunktur*
Stärken („Strenghts") *S1: Dienstleistungsportfolio* *S2: Produktleistung & Qualität* *S3: richtungsweisende Strategie*		**Stärken-Chancen Strategie** - Darstellung der Dienstleistungspalette mit gesetzlichen Fördermöglichkeiten bei der Akquise neuer Kunden - Zertifizierung für Krankenkassenkooperation - Qualität der Dienstleistungen bei der Akquisition neuer, eher qualitätsbewusster Kunden (Betreuungseinrichtungen / Betriebe) in den Vordergrund stellen	**Stärken-Risiken-Strategie** - Gezielte Akquisition mit hochwertigen Produkten - Langsames Wachstum in allen Kundengruppen mit dem Fokus auf lange Geschäftsbeziehungen, um Ausfälle in bestimmten Geschäftsfeldern zu kompensieren
Schwächen („Weaknesses") *W1: Unbekanntheit am Markt* *W2: geringe Finanzrücklagen* *W3: höhere Preise*		**Schwächen-Chancen-Strategie** - Kooperationen mit branchenfremden Dienstleistern eingehen um Bekanntheit zu steigern - Verstärkt auf KMUs im produzierenden Gewerbe zugehen, um dort eine Kundengruppe zu erreichen, die bereit ist für qualitativ hochwertige Arbeit höhere Preise zu zahlen - Ansprechender Online-Auftritt	**Schwächen-Risiken-Strategie** - Kostenlose Pflichtpraktikanten als Unterstützung für Mitarbeiter einsetzen, damit diese an Kundenbeziehungen arbeiten können - Finanzielle Fördermöglichkeiten für Mitarbeiterqualifizierung nutzen (z.B. Weiterbildungsförderung nach SGB III)

Abbildung 3: SWOT-Matrix für das Unternehmen Adams Äpfel (eigene Darstellung)

3.3 Zielplanung

Laut Doran (1981, S. 35 - 36) sollen Ziele so formuliert werden, dass sie spezifisch, messbar, attraktiv, realistisch und terminiert sind. Wird diese Beurteilungsart zu Grunde gelegt, sind die Ziele des Unternehmens Adams Äpfel in ihrer Ausprägung spezifisch und messbar. Das Ziel der Qualifizierung durch die DGE im ersten Jahr bspw. benennt eine exakt formulierte Qualifikation und die dazugehörige Instanz der Auditierung. Messbar ist die Zielerreichung durch eine Mengenangabe und die schriftliche Evaluierung durch Kooperationsverträge. Die Attraktivität der Zielformulierung ist gleichzeitig ambitioniert und motivierend, da sie den ausführenden Mitarbeitern in einigen Entscheidungen viel Handlungsspielraum lässt, bspw. in der Auswahl regionaler Netzwerke. Die realistische Durchführbarkeit der Ziele ist allerdings noch anpassungsfähig, dies geschieht im Laufe des Betriebes, wenn die ersten Hindernisse sichtbar werden. Hindernisse könnten bspw. die mangelnde Zahl geeigneter Bewerber sein oder die Kooperationsschwäche von anderen Gesundheitsdienstleistern. Der Aspekt der terminierten Ziele ist durch die Zeitvorgaben gewährleistet, die für solche Vorhaben üblich sind, nämlich ein bis drei Jahre.

4 Phase der Strategieformulierung

4.1 Strategieformulierung

Die Strategieformulierung auf Unternehmensebene beschreiben Bea und Haas (2017, S. 196) als „[...] „generelle Stoßrichtung" des gesamten Unternehmens [...]. Sie fassen die drei Entwicklungsmöglichkeiten auf dieser Ebene als Wachstums-, Stabilisierungs- und Desinvestitionsstrategien zusammen. Adams Äpfel geht eine klare Wachstumsstrategie an um neue Kunden zu gewinnen und sich auf dem Markt zu behaupten. Als Produkt-Markt Strategie wird aufgrund der bisherigen Strategieanalyse die Produktentwicklungsstrategie gewählt. Durch die Unternehmensziele mit dem Fokus auf qualitativ hochwertige, interdisziplinäre Konzeptgestaltung werden bisher isolierte Produkte wie z.B. Ernährungs- und Sportberatung und BGF zu neuen Produkten zusammengeführt um den Markt zu durchdringen. Dies ist laut Bea und Haas (2017, S. 183) in der Produktentwicklungsstrategie die Grundlage für diese Entscheidung. Als Integrationsstrategie zur Entwicklung des Unternehmenswachstum wird die konglomerate Akquisition gewählt, die nach Bea und Haas (2017, S. 190) die Bedingungen hat, dass die Kooperation mit branchenfremden Partnern erfolgt. Die konglomerate Akquisition fügt sich in die Unternehmensziele von Adams Äpfel ein, interdisziplinäre Partnerschaften einzugehen um dadurch eine ganzheitliche Dienstleistungspalette anzubieten.

Nach der Strategieformulierung der Unternehmensebene folgt die Geschäftsebene, die sich laut Bea und Haas (2017, S. 196 – 197) damit beschäftigt, eine Begrenzung des Marktes festzulegen und die Mittel für den Wettbewerb zu identifizieren. Dahingehend passt eine Differenzierungsstrategie, in der es vorrangig um den Wettbewerbsvorteil durch „Qualität und Service" (Bea & Haas, 2017, S. 198) geht, in die Gesamtstrategie von Adams Äpfel, da durch stetige Weiterbildung der Mitarbeiter die Qualität und das Servicebewusstsein gesteigert werden soll.

4.2 Blue Ocean-Strategie

Eine Blue Ocean-Strategie ist geprägt von der Schaffung neuer unbesetzter Märkte, mit nicht existenter Konkurrenz und einer völlig neuen Nachfrage nach einem Produkt welches vorher nicht existent war (Kim & Mauborgne, 2010, S. 18). Adams Äpfel nimmt diese Strategie auf und entwickelt ein gesundes Nostalgie-Kochevent, welches ausschließlich Spezialitäten aus den 50er und 60er Jahren verarbeitet. Zielgruppe sind die sogenannten „Best Ager", also Männer und Frauen im Alter ab 50 Jahren. Es sollen vorher Rezeptideen der Teilnehmer aus deren Kinder- und Jugendzeit eingebracht werden und durch die Mitarbeiter mit gesunden Komponenten ergänzt werden. Laut einer Studie des Forsa-Institutes (2015) zur „Liquidität 50Plus" sind Wohlbefinden und Gesundheit die wichtigsten Bedürfnisse dieser Generation. Da dies eine Gruppenveranstaltung ist, können so Kosten minimiert werden durch eine bessere Auslastung der Personalressourcen und fixen Kosten in der Immobilie. Da das Angebot bisher einzigartig in Dortmund ist, werden mit den höheren Preisen gut situierte Best Ager angesprochen. Laut obigen Forsa-Studie (2015) sind das acht von zehn Menschen in dieser Bevölkerungsgruppe.

5 Personalmanagement

5.1 Führungsverhalten

Laut Ellebracht, Lenz und Osterhold (2011, S. 218) liegt die wesentliche Aufgabe der Führung „[…] in der Vorbereitung der Mitarbeiteraufträge und in deren Klärung."

Goleman (2017, S. 3) beschreibt die Stile mit denen Führungskräfte ihre Mitarbeiter bei ihrer Arbeit unterstützen können, als die „six styles of leadership": „*Coercive leaders* demand immediate compliance. *Authoritative leaders* mobilize people toward a vision. *Affiliative leaders* create emotional bonds and harmony. *Democratic leaders* expect consensus through participation. *Pacesetting leaders* expect excellence and self-direction. And *coaching leaders* develop people for the future." (Goleman, 2017, S. 3)

Adams Äpfel hat sich für eine coachende Führungskultur entschieden, in der die Führungskraft die Aufgabe hat „Freiräume für Selbstorganisation und Selbstverantwortung zu schaffen, die Selbstreflexion beim Mitarbeiter zu erhöhen und Entwicklungspotenziale freizusetzen." (Ellebracht, Lenz & Osterhold, 2011, S. 287). Durch die Maxime des Unternehmens Qualität vor Quantität zu setzen, ist es wichtig Mitarbeiter zu mehr Eigenständigkeit und Weiterentwicklungswillen zu motivieren. Die Mitarbeiter von Adams Äpfel sind in Beratungsfunktion beim Kunden, sodass eine starke Selbstreflexion und ein hoher Grad an Selbstverantwortung dazu führen, vom Kunden als kompetent wahrgenommen zu werden, was wiederum die Kundenbeziehung stärkt. Ellebracht, Lenz und Osterhold (2011, S. 289) beschreiben die Persönlichkeitsmerkmale einer coachenden Führungskraft als „Multi-Persönlichkeit" und „Multi-Mind". Die Autoren meinen damit die Persönlichkeitseigenschaft, Mitarbeiter, abhängig von Ihrer Persönlichkeit, ihren Zielen und individuellen Herausforderungen, zu führen.

5.2 Recruiting

Um die Eigenschaften der coachenden Führungskraft zu überprüfen, bedarf es spezieller Recruiting-Werkzeuge, da es sich bei den Eigenschaften um emotionale Führungsfähigkeiten handelt. Demzufolge können benötigte Fähigkeiten bzgl. der individuellen Motivation und der Beratung von Mitarbeitern nur im Rollenspiel getestet werden. Laut Krause (2017, S. 204) wird im Rollenspiel eine Situation geschaffen in der der Bewerber auf eine instruierte Person im Bewerbungsgespräch trifft und mit ihr „[...] ein spezifisches Problem einer Arbeitseinheit oder einer Organisation [...]" bespricht. Der Bewerber erhält Zeit sich auf die Situation vorzubereiten und die instruierte Person eine genaue Beschreibung der Situation. So können verschiedene Konfliktsituationen simuliert werden die im Unternehmen Adams Äpfel eine Rolle spielen, wie bspw. die Enttäuschung eines Mitarbeitern nach einer gescheiterten Akquisition eines Kunden.

6 Literaturverzeichnis

Bea, Franz Xaver; Haas, Jürgen (2017): Strategisches Management. 9., überarbeitete Auflage. Konstanz, München: UVK Verlagsgesellschaft mbH; UVK/Lucius (UTB Betriebswirtschaftslehre, 8498).

Blumenschein, Birgit; Klein, Susanne (Hg.) (2012): Erfolgreich selbstständig als Ernährungsfachkraft. Unter Mitarbeit von Susanne Hagedorn, Suzan Ulusal und Suzanne Weiler. Stuttgart: Karl F. Haug Verlag.

Brauweiler, Hans-Christian (Hg.) (2008): Unternehmensführung heute. München: Oldenbourg.

Bundesministerium für Ernährung und Landwirtschaft (BMEL) (2017): Deutschland, wie es isst. Der BMEL-Ernährungsreport. Hg. v. Bundesministerium für Ernährung und Landwirtschaft (BMEL), Referat L3, 10117 Berlin. Berlin. Online verfügbar unter https://www.bmel.de/SharedDocs/Downloads/Broschueren/Ernaehrungsreport2017.pdf?_blob=publicationFile, zuletzt geprüft am 10.05.2018

Bundeszentrum für Ernährung (o. J.): Ernährungsberatung vor Ort. Wo finde ich einen Ernährungsberater? Online verfügbar unter https://www.bzfe.de/inhalt/ernaehrungsberatung-vor-ort-29717.html, zuletzt geprüft am 10.05.2018.

Doran, George: There's a S.M.A.R.T. way to write management's goals and objectives. In: Management Review, Bd. 70, S. 35–36. Online verfügbar unter https://community.mis.temple.edu/mis0855002fall2015/files/2015/10/S.M.A.R.T-Way-Management-Review.pdf, zuletzt geprüft am 07.05.2018.

Ellebracht, Heiner; Lenz, Gerhard; Osterhold, Gisela (2011): Systemische Organisations- und Unternehmensberatung. Praxishandbuch für Berater und Führungskräfte. 4th ed. Wiesbaden: Gabler Verlag. Online verfügbar unter https://link.springer.com/content/pdf/10.1007%2F978-3-8349-6920-0.pdf, zuletzt geprüft am 10.05.2018.

Flögel, Anna (2011): Aktuelle Ernährungstrends in der westlichen Gesellschaft - Zwischen Wissenschaft und Volksglaube. In: Peter Hensen und Christian Kölzer (Hg.): Die gesunde Gesellschaft. Sozioökonomische Perspektiven und sozialethische Herausforderungen. Unter Mitarbeit von Anna Flögel. 1. Aufl. Wiesbaden: VS Verlag für Sozialwissenschaften / Springer Fachmedien Wiesbaden GmbH Wiesbaden, S. 281–297. Online verfügbar unter https://link.springer.com/content/pdf/10.1007%2F978-3-531-92818-0.pdf, zuletzt geprüft am 10.05.2018.

Forsa Gesellschaft für Sozialforschung und statistische Analysen mbH (2015): Studie: Liquidität 50Plus. Ergebnisse einer repräsentativen Umfrage der deutschen Bevölkerung im Alter von 50 - 79 Jahren (Generation 50Plus). Hg. v. easyCredit TeamBank AG. Online verfügbar unter https://www.teambank.de/wp-content/uploads/2017/11/Berichtsband_Studie_Liquiditaet_50Plus_2015.pdf, zuletzt geprüft am 10.05.2018.

Goleman, Daniel (2017): Leadership that Gets Results. In: Harvard Business School Publishing Corporation (2017) (Hg): Harvard Business Review Classics, Boston

Google Maps (2018): Adresse: Kaiserstraße 94 Dortmund: Google LCC. Online verfügbar unter http://maps.google.de, zuletzt geprüft am 09.05.2018.

Hecker, Falk (2012): Management-Philosophie. Strategien für die Unternehmensführung ; Grundregeln für ein erfolgreiches Management. 1. Aufl. Wiesbaden: Gabler.

Deutsche Gesellschaft für Ernährung e.V. (26.01.2016): DGE-Qualitätsstandard verbessert die Verpflegung. DGE fordert die Umsetzung des DGE-Qualitätsstandards in allen Kitas. Bonn. Keller, Isabelle, Tel.: 0228 3776-643; Email: keller@dge.de. Online verfügbar unter https://www.dge.de/uploads/media/DGE-Pressemeldung-aktuell-01-2016-kita-verpflegung.pdf, zuletzt geprüft am 06.05.2018.

Kim, W. Chan; Mauborgne, Renée (2010): Blue ocean strategy. How to create uncontested market space and make the competition irrelevant. 32. Druck. Boston, Mass: Harvard Business Review Press.

Krause, Diana Eva (Hg.) (2017): Personalauswahl. Die wichtigsten diagnostischen Verfahren für das Human Resources Management. Wiesbaden: Springer Gabler.

Lüerßen, Hartmut; Stickling, Erwin; Gundermann, Nils; Dr.Toska, Marko; Coppik, Robert; Denker, Philipp et al. (2015): BGM im Mittelstand 2015. Ziele, Instrumente und Erfolgsfaktoren für das Betriebliche Gesundheitsmanagement. Köln.

Medizinischer Dienst des Spitzenverbandes Bund der Krankenkassen (29.11.2017): Präventionsbericht 2017: Rekordwachstum bei Gesundheitsförderung in Lebenswelten und Betrieben. Berlin/Essen. Gehms, Michaela; Widmaier, Claudia, Michaela Gehms, MDS Pressestelle, Tel.: 0201 8327-115, E-Mail: m.gehms@mds-ev.de; Claudia Widmaier, Pressestelle GKV-Spitzenverband, Tel.: 030 206288-4201, E-Mail: presse@gkv-spitzenverband.de. Online verfügbar unter https://www.mds-ev.de/presse/pressemitteilungen/neueste-pressemitteilungen/2017-11-29.html, zuletzt geprüft am 07.05.2018.

Möschl, Christiane; Purtscher, Anna-Elisabeth; Perktold, Bernhard (2016): Ernährungskommunikation mit digitalen Medien. Pilotstudie: Wie motivieren Ernährungs-Apps zu Änderungen im Ernährungsverhalten. In: *FH Diätologie aktuell* (18), S. 30–32. Online verfügbar unter www.kup.at/kup/pdf/13805.pdf, zuletzt geprüft am 06.05.2018.

Müller-Stewens, Günter; Lechner, Christoph (2011): Strategisches Management. Wie strategische Initiativen zum Wandel führen. 4., überarb. Aufl. Stuttgart: Schäffer-Poeschel.

Pudel, Volker (1991): Praxis der Ernährungsberatung. Berlin, Heidelberg: Springer Berlin Heidelberg.

Schawel, Christian (2011): Top 100 Management Tools. Wiesbaden: Springer Fachmedien. Online verfügbar unter https://link.springer.com/content/pdf/10.1007%2F978-3-8349-6605-6_82.pdf, zuletzt geprüft am 10.05.2018.

Schermann, Michael P.; Siller, Helmut; Volcic, Klaus (2013): Strategische Managementpraxis in Fallstudien. Umsetzung einer erfolgreichen Strategie in vier Schritten. 2., überarb. Aufl. Wien: Linde (Linde international).

Sternad, Dietmar (2015): Strategieentwicklung kompakt. Eine praxisorientierte Einführung. Wiesbaden: Springer Gabler (Essentials). Online verfügbar unter https://link.springer.com/content/pdf/10.1007%2F978-3-658-10367-5.pdf, zuletzt geprüft am 10.05.2018.

Techniker Krankenkasse (2017): TK-ErnährungsCoaching. Online verfügbar unter https://www.tk.de/techniker/service/gesundheit-und-medizin/praevention-und-frueherkennung/tk-gesundheitscoach/ernaehrungscoaching-2011448.

Techniker Krankenkasse Gesundheitskurssuche (2018): Gesundheitskurssuche nach "Ernährung" im Dortmund (Umkreis 15 Km). Online verfügbar unter https://www.tk.de/service/app/2009028/gesundheitskurs/suche.app, zuletzt geprüft am 10.05.2018.

Tecklenburg, Ernestine; Arenz-Azevedo, Ulrike (2016): Verpflegung in Kindertageseinrichtungen. Ergebnisse einer bundesweiten Studie. Hg. v. Bundesministerium für Ernährung und Landwirtschaft. Bonn. Online verfügbar unter https://www.inform.de/fileadmin/Dokumente/Materialien/4_INFORM_Monitor_Verpflegung_Kita.pdf, zuletzt geprüft am 10.05.2018.

Weight Watchers International Inc. (2018): Unser Unternehmen. Online verfügbar unter https://www.weightwatchers.de/job/Why.aspx, zuletzt geprüft am 10.05.2018.

Wohlers, Katja; Hombrecher, Michaela (2017): Iss was, Deutschland - TK-Ernährungsstudie 2017. Unter Mitarbeit von Michaela Hombrecher, Gabriele Baron, Luise Ziegler, Gudrun Ahlers, Sabine Petersen, Peter Wendt, Jenny Wirth, Micaela Berger. Hg.

v. Techniker Krankenkasse. Hamburg. Online verfügbar unter
https://www.tk.de/centaurus/servlet/contentblob/934342/Datei/59993/TK-
Ern%C3%A4hrungsstudie%202017%20Pdf%20barrierefrei.pdf, zuletzt geprüft am
10.05.2018.

7 Abbildungs- und Tabellenverzeichnis

7.1 Abbildungsverzeichnis

7.2 Tabellenverzeichnis